Eine total verkommen Gesellschaft

W. M. Auchimmer

Eine total verkommene Gesellschaft

Irrungen in einem Wirtschftswunderland

Bibliografische Information der Deutschen Nationalbibliothek:
Die Deutsche Nationalbibliothek verzeichnet diese Publikation
in der Deutschen Nationalbibliografie; detaillierte bibliografische
Daten sind im Internet über http://dnb.dnb.de abrufbar.

Umschlaggestaltung, Herstellung und Verlag:
BoD - Books on Demand, Norderstedt

ISBN: 978-3-7481-9729-4

Eine total verkommene Gesellschaft

Die Deutsche Kinderhilfe hat für das Jahr 2017
folgende Zahlen der Polizeilichen
Kriminalstatistik zu kindlichen Gewaltopfern
veröffentlicht:

- 143 getötete Kinder
- 77 Tötungsversuche
- 4 208 misshandelte Kinder, davon 43 Prozent
  unter 6 Jahren
- 13 539 Kinder Opfer sexueller Gewalt, wobei
  die Dunkelziffer wesentlich höher liegt

Der Besitz und die Verbreitung kinderporno-
graphischen Materials steigen pro Jahr um ca. 15
Prozent.

Sexueller Missbrauch und das Filmen dieser Taten
sind für tausende Kinder Realität.

Besonders erschreckend sind der Anstieg härtester
Gewaltszenen sowie die zunehmende Zahl von
Missbrauchsabbildungen von Kleinkindern und
Babys. Man geht davon aus, dass sich der Miss-
brauch tausender Kinder unerkannt fortsetzt.

Auf diese riesige Dimension des alltäglichen
Ausmaßes von sexuellem Missbrauch, Miss-
handlung und Vernachlässigung in der Gesellschaft
sind die zuständigen Institutionen nicht vorbereitet.

Es reicht nicht, die Missstände nur anzuprangern.
Man muss auch personell und finanziell gut aus-

gestattet sein, um der Verantwortung den Kindern gegenüber gerecht zu werden.

Es ist hinlänglich bekannt, dass sexueller Missbrauch im wesentlichen innerhalb der Familie und im familiären Umfeld stattfindet. Natürlich gibt es weitere Brutstätten, in denen sich verbotene Perversitäten eingenistet haben: Internate, Waisenhäuser, Kinderchöre, Schwimmbäder, Sportvereine, Sekten etc.

Und als wenn das alles nicht schlimm genug wäre, existiert in unserem wunderbar toleranten Land eine kranke Partei, die vor Jahren Sex mit Kindern legalisieren wollte, ganz offiziell. Ein Vorhaben, das der Kirche, der größten Missbrauchsinstitution überhaupt, Schadenersatzzahlungen in Millionenhöhe und Skandale bis in höchste Kreise erspart hätte.

Zusammengefasst hört sich das Ganze an wie die Einführung in die Hölle. Oder wie Szenen aus einem Film von Quentin Tarantino.

Aber das alles sind schlicht und einfach nur Fakten, die jeder nachlesen kann.

Fakten, die die Zustände in unserem Land beschreiben. In diesem korrekten, durchorganisierten, allseits beliebten Deutschland, in dem unsere Politiker, sobald ein Mikrofon in ihrer Nähe auftaucht, sich beeilen zu beteuern, dass sie unsere Werte schützen.

Was die wohl meinen?

Und wenn die Wertefloskel nicht so recht zündet, dann wird der allgemein bewährte Satz, dass wir doch ein Rechtsstaat sind, nachgeschoben. Na super!

Und was nützt das den Kindern? Wie ist es um deren Rechte bestellt? Fachleute wissen, dass die spezifische Fachberatung immer noch keine geregelte Finanzierung hat und dass bis 2013 überhaupt keine Misshandlungsdiagnosen im Krankenhaus gestellt werden durften.

Bis heute gibt es vielerorts Abrechnungsprobleme bei der Abklärung von Kinderschutzfällen oder bei einer vertraulichen Befundsicherung nach einer Vergewaltigung von Kindern und Jugendlichen.

Ein weiteres Problem ist der Anstieg sexueller Gewalt durch die digitalen Medien. Der Kinder- und Jugendmedienschutz gehört dringend modernisiert und die Ermittlungsmöglichkeiten müssen dem Internetzeitalter angepasst werden, damit sich Sexualstraftäter in Deutschland nicht länger sicher fühlen.

Zur Zeit läuft in der Presse die dekorative „me too" Debatte. So etwas gefällt den Medien.

Man zeigt mit dem Finger auf die gemeinen Männer und endlich kriegen diese Perverslinge was sie verdienen, was auch sicher in vielen Fällen richtig ist.

Und auf der anderen Seite die schönen, unschuldigen Frauen, die sich auf Filmfestivals und ähnlichen Events mehr aus- als angezogen zeigen und man sich wundert, wie so viel Stoff so wenig verbergen kann. Sie tun das für die Kunst und keinesfalls, um die Aufmerksamkeit wichtiger Männer auf sich zu lenken. Ein Schelm, der Böses dabei denkt…….. Wenn diese Sternchen dann, natürlich nur ob ihres Talentes, dem Richtigen auf-gefallen sind und sie nach Jahren ihr Ziel erreicht haben, reich und prominent zu sein, dann erinnern sie sich plötzlich, dass da doch früher manches nicht so ganz koscher gelaufen ist. Also schließt man sich anderen ehrbaren Frauen mit ähnlichem Lebenslauf an, kleidet sich in attraktives Schwarz, (schwarz steht einfach allen Frauen),steht mutig und medien-wirksam auf und sagt mit fester Stimme: „Me too!" Ist das nicht süß?

Und haben sich dann alle geschlossen vor den gleichen Karren spannen lassen, dann nennt man das Emanzipation! Oh, Mann…….

Und was bleibt uns als Zuschauer? Wir wischen uns diskret die Lachtränen aus den Augenwinkeln, denn wer kennt nicht Frauen, die sich hoch gevögelt haben. Eva hat Adam sicher auch nicht nur mit Fallobst aus dem Paradies gelockt. Seitdem diese Welt sich dreht, gehört Sex als Mittel zum Zweck zum ganz normalen Leben.

Natürlich will man davon hinterher nichts mehr wissen. Die Sache ist irgendwie unschön und peinlich, gerade für uns Frauen, wo wir doch das „gute" Geschlecht sind.

Erst kürzlich war von einer Umfrage zu lesen, in der z.B. Krankenschwestern unter anderem als Grund für ihre Berufswahl angaben, sich einen Arzt angeln zu wollen.

Und das gelingt ihnen sicher nicht, indem sie die Bettpfannen besonders gründlich ausleeren!

Und die Männer? Die haben die Spitzenausrede, dass sie rein gentechnisch gesehen nichts für ihre Veranlagung können. Während die Frauen zwei x-Chromosome besitzen, die eine Vielzahl von Erbinformationen enthalten, hat man beim männlichen Geschlecht lediglich ein x- und ein y-Chromosom entdeckt. Und dieses y-Chromosom ist nahezu genleer; es enthält lediglich Informationen über die Potenz, was keinesfalls zu unterschätzen ist. Ein Hoch auf diese Erkenntnis!

Und was geschieht nun mit den missbrauchten Kindern?

Ziehen wir sie hübsch an, tätowieren ihnen „me too" auf die Stirn und schicken sie zum Demonstrieren auf die Straße? Ob das nützt? Ich fürchte, das würde eher noch mehr Perverse auf den Plan rufen. Was also tun in einer Welt, in der Sex und der Austausch von Körperflüssigkeiten das Wichtigste zu sein scheint.

Glücklicherweise gibt es auch andere Dinge, über die wir uns ereifern können. Denn bei der weit verbreiteten Heuchelei und der allgemeinen Verlogenheit kommt wie von selbst die Politik ins Spiel, weil: Der Fisch stinkt vom Kopf her.

Momentan strotzt ganz Deutschland geradezu vor Empörung, weil einige Kippaträger beschimpft wurden. Und dann hat man sie auch noch geschubst. Man stelle sich das vor!

Das ist irgendwie gemein, und wir sind nicht gemein. Schließlich geht es um unser Ansehen in der Welt und das ist uns bei weitem das Wichtigste.

Was sind dagegen tausende missbrauchte und misshandelte Kinder. Damit kann man keinen Blumentopf gewinnen. Aber sollte man ein Volk nicht in erster Linie daran messen, wie es seine Kinder behandelt?

Demnach dürften wir die Statistik zu kindlichen Gewaltopfern keinesfalls an die große Glocke hängen. Also stellen wir uns zuerst einmal ganz dumm und machen diese kranken Verfehlungen nicht so laut public. Die Statistik spricht zwar für sich, aber sie kommt nicht gerade positiv rüber. Und das ist schlecht. Wir kippen besser etwas Zuckerguss darauf, damit sich auch erwiesene Tatsachen freundlicher anhören.

Der Tipp ist übrigens, man höre und staune, von keinem geringeren als von unserem Bundespräsidenten. Dieser hat sich kürzlich in einem Interview bitter darüber beklagt, wie wir sprachlich miteinander umgehen. Es ging um das Wort „Asyltourismus", das die Zustände in unserem Land genau auf den Punkt bringt. Aber wir sagen so etwas nicht. Wo kommen wir hin, wenn wir anfangen, Tatsachen beim Namen zu nennen. Man fordert uns also ganz offiziell zur Heuchelei auf, um unschöne Dinge zu verschleiern.

Ob die Welt dadurch besser wird? Missstände so abzuändern, dass wir gar nicht mehr Gefahr laufen, hässlich übereinander zu reden, das ist keine Option. Und da wir ein folgsames Völkchen mit einer Prise Leidensgen sind, werden wir uns bemühen, auf Druck von oben, jede unliebige Wahrheit unter den Teppich zu kehren. Ist das nicht zutiefst verkommen, so etwas von einem Volk zu verlangen?

Schiller sagt: „Man kann den Menschen nicht verwehren, zu denken was sie wollen."

Dass man es dann aber keinesfalls laut aussprechen darf, das hat er sicher nicht gewusst.

Und was bringt mir das jetzt? Ich sitze hier und suche verzweifelt nach einem hübschen Wort für Kindesmissbrauch, aber mir fällt zum Verrecken keins ein.

Vielleicht sollte ich die Leiterin unseres Landes um Hilfe bitten, die ist gut im Worte erfinden. Sie hat seinerzeit das Wort „alternativlos" kreiert. Den Ausdruck gab es bis dato nicht, weil es die Sache, die er beschreiben soll, nicht gibt. Der Mensch hat immer eine Wahl, das unterscheidet uns von den Tieren: nicht nur fressen und gefressen werden. Nein, wir haben die Wahl, auch wenn sie unbequem ist, Angst einflößend oder sogar todbringend. Wir können uns immer für oder gegen eine Sache entscheiden.

Aber wie clever das ist, ein solches Unwort der Allgemeinheit unterzujubeln, das muss man voller Neid anerkennen. Denn wenn man keine Wahl hat,

kann man auch nichts falsch machen; und zur Verantwortung gezogen werden kann man auch nicht.
Das ist ein Super-Schachzug, da muss man erst mal drauf kommen! Es gibt doch immer wieder Menschen, die keineswegs so dumm sind, wie sie aussehen.....

Bringt mich diese Erkenntnis jetzt weiter? Mal sehen, ob sich besagtes Kunstwort in Bezug auf Kindesmissbrauch anwenden lässt: Das Handeln von Kinderschändern ist alternativlos. Spätestens jetzt müsste jedem klar sein, wie verheerend unanständig diese Wortcreation ist.

Übrigens hat besagte erfinderische Dame gerade bei einer Pressekonferenz folgenden prägnanten Satz von sich gegeben: „Ich messe der Sprache eine sehr große Bedeutung zu."

Darauf sollten wir sie festnageln.

Nach der desaströsen Entscheidung 2015 Millionen Menschen unkontrolliert ins Land zu lassen, haben wir von ihr diesen bedeutungsvollen Satz gehört:

„Wir haben 80 Millionen Einwohner und davon sind lediglich vier Millionen Muslime. Und das soll nicht zu schaffen sein?"

Wenn das nicht so traurig wäre, könnte man diese Aussage für witzig halten. Nicht einmal mit einem einzigen haben es die Staatsbediensteten geschafft. Da mussten auf dem Berliner Weihnachtsmarkt erst ein paar Tote her. Anscheinend werden Politiker erst durch Leichen wach gerüttelt und davon steigt die Zahl kontinuierlich. Aber was soll`s, Schwund ist immer. Der erste Mann im Land würde das bestimmt viel positiver ausdrücken.

Da drängt sich einem eine ganz andere Frage auf: Ist es legitim, in Friedenszeiten für unfähige Politiker sterben zu müssen? Sollte man etwas so Entscheidendes nicht wissen, bevor man auf dem Wahlzettel sein Kreuzchen macht?

Es gibt da übrigens noch eine folgenschwere Fehleinschätzung dieser engstirnigen, unbelehrbaren Person, die in einem Satz ihrer ihr so wichtigen Sprache gipfelte: „Ich verspreche ihnen, Deutschland wird Deutschland bleiben!"

Man müsste schon schwachsinnig sein, wenn man nicht mitbekommen hätte, dass Deutschland politisch und gesellschaftlich in den vergangenen Jahren ein anderes Land geworden ist. Dazu bräuchte es nicht einmal den neuesten Verfassungsschutzbericht.

Erhöhte Kriminalität, allgemeine Verrohung, null Respekt gegenüber Polizei und Ärzteschaft, Gewalt an Schulen und auf Sportplätzen.

Schiller sagt: „Wo viel Freiheit, ist viel Irrtum."
Scheint ein kluger Mann gewesen zu sein.

Warum pinkelt dieser beratungsresistenten Dame eigentlich niemand ans Bein?

Wahrscheinlich beißt sie, sobald keine Kamera in der Nähe ist!

Vielleicht bräuchte sie auch nur etwas Anschauungsunterricht. Dafür müsste sie ganz einfach wie Heinrich der V. inkognito durch bestimmte Straßen unseres „deutsch" gebliebenen Landes gehen. Da käme das Gruseln von ganz allein und in manchen Gegenden würde sie sich fragen, ob sie sich überhaupt noch in Deutschland befindet.

Wie dem auch sei, wenigstens etwas positives hat der Irrsinn von 2015 bewirkt: Wir sind die Lachnummer Europas. Und das ist nicht übel, da wir gewöhnlich als humorlos und pingelig charakterisiert werden. Endlich kann man der Schadenfreude freien Lauf lassen und kein Geld der Welt bringt die übrigen EU-Staaten dazu, auch nur Bruchteile der afrikanischen Abenteurer aufzunehmen, wenn sie sehen, wie viel Ärger sie uns bereiten.

Von den Kosten ganz zu schweigen. Deutschland bringt Milliarden Euro für Migranten auf, so als müssten wir nicht dafür arbeiten, sondern als fiele es wie Manna vom Himmel.

Das bringt mich wieder zu unseren kindlichen Gewaltopfern. Ist das unsere Vorstellung von Moral, wenn zumeist junge Männer unterstützt werden, indem wir sie füttern, unterbringen, ihnen Geld in die Hand geben, ohne jegliche Gegenleistung, sodass sie sich im Phantasialand wähnen und vor lauter Langeweile und Übermut straffällig werden, während für unsere geschändeten Kinder kaum Geld bereit gestellt wird? Das ist eine Schande und von Werte schützen kann da gar keine Rede sein.

Laut einer neuen Studie wächst die Zahl von armen Kindern und Jugendlichen stetig an.

Wie kann das sein in einem, wie doch immer alle betonen, so reichen Land wie dem unseren.

Und wo ist der Rechtsstaat? Dem ist wichtig, dass sich Flüchtlinge bei uns wohl fühlen, weil ihm das Lob in der Welt einbringt. Wen interessieren dagegen unsere Kinder. Also streiten wir nicht über die Zustände in unserem Land, sondern über die Wortwahl. Sind wir eigentlich noch zu retten?

Man sagt, von der Schuld der anderen lässt es sich gut leben. Ist das unser Antrieb?

Dann lässt Hitler schön grüßen. Wahrscheinlich führt er Freudentänze in seiner Gruft auf, weil er immer noch mit regiert. Ist das sinnvoll, an abertausenden Abenteurern wieder gut machen zu wollen, was wir an den Juden verbrochen haben? Ich las letztens vom „moralischen Größenwahn", besser kann man es nicht ausdrücken.

Wenn man zweifelsfrei klären will, wie moralisch verkommen unsere Gesellschaft ist, dann kommen wir, neben der Kirche und dem Kreis der unzähligen abgestraften und unentdeckten Kinderschändern, auch nicht an den Grünen vorbei.

In ihren Anfangsjahren waren wegen sexuellem Missbrauch von Kindern verurteilte Straftäter bei ihnen aktiv und es wurden über Jahre Perverse in ihrer Partei toleriert.

Forderungen nach straffreiem Sex mit Kindern waren bei den Grünen Mainstream und im Berliner

Landesverband soll es massiven sexuellen Missbrauch von Kindern gegeben haben.

Dieser groteske Verein galt als Auffangbecken für kranke Gruppierungen und Mitglieder, die ihren Verstand in der Hose haben.

Wer ernsthaft glaubt, dass sich aus einem solchen Morast etwas Gutes entwickelt, der sollte mal zum Arzt gehen.

Wo sind all diese kranken Perversen aus der Anfangszeit? Alle tot oder geläutert?

Wer's glaubt, wird selig. Und auch denjenigen, die später dieser Partei beitraten, sollte man nicht trauen. Denn ohne eine ganz spezielle Affinität würde man diesen Verein eher meiden.

Sind die Wähler schon so verdorben, dass sie neben der Moral auch das kleinste Fünkchen Anstand verloren haben? Die Umwelt ist keine ausreichende Erklärung, die bekommt man überall gratis dazu.

Die einzig logische Schlussfolgerung: Sie haben keine Ahnung, wen oder was sie da eigentlich wählen! Und das ist traurig.

Tja, so ist das Leben. Wenn man denkt, es ist endlich genügend Gras über eine Sache gewachsen, dann kommt irgendwann ein Kamel und frisst es wieder ab.

Und das ist auch gut so!!!

Vor kurzem hat eine aufrechte Frau einer menschenfreundlichen Partei die Parole vertreten: „Wer hinter einer Nazifahne herläuft, der ist auch ein Nazi"

Das ist ein prima Standpunkt und wenn wir jetzt nicht wieder wie gewohnt mit zweierlei Maß messen, dann ist jeder, der hinter den Grünen herläuft, pervers. Eine Super-Erkenntnis, die die Scheinheiligkeit unserer Regierung endlich ihr mit allen Mitteln verteidigtes Saubermann – Image ankratzt.

Welchen Stellenwert nehmen denn Kinder überhaupt unter Politikern noch ein, die sich mit Vorliebe an Nazis und Rassisten fest beißen, während sie mit der Nachkommenschaft von Kinderschändern zusammen arbeiten. Armes Deutschland! Anscheinend gehen ihnen Moral und Anstand total am Schritt vorbei. Aber wird ein Kippaträger geschubst, drehen sie fast durch. Dieses aufgesetzte Getue ist wirklich zum Kotzen, aber sie fürchten wahrscheinlich, ihren Heiligenschein zu verlieren.

Aber wir als Volk sind auch gefordert. Wir dürfen uns nicht den Mund verbieten lassen, von niemandem. Auch damals war es nicht Hitler allein. Es waren seine Helfer, das Volk, die Mehrheit, die Lemminge, die weggeschaut und sich nicht eingemischt haben. Dann die Speichellecker, die alles unterstützen, solange sie, genau wie heute, ihren Posten behalten.

Und haben wir nicht später unsere Eltern und Großeltern gefragt, wie das alles überhaupt möglich war, wie sie das tatenlos zulassen konnten. Wollen wir von unseren Kindern und Enkeln irgendwann einmal die gleichen Fragen gestellt bekommen? Und das wegen einer fehlgeleiteten Person, die mit Wohltaten ein ganzes Land vergewaltigt. Wieso lassen wir zu, dass sich jemand so lange in seinem Amt einnistet.

Obama haben viele geliebt, aber er musste nach acht Jahren gehen. Unsere alternativlose Dauerkandidatin dagegen wird von vielen gehasst, aber sie ist geblieben. Ist es nicht an der Zeit, unsere Gesetze mal auf Vordermann zu bringen und nicht wie in Bananenrepubliken den Häuptling 20 Jahre lang ertragen zu müssen? Man stelle sich vor, was uns alles erspart geblieben wäre!

Und diese klugen Reden von der Einigkeit Europas helfen auch nicht weiter, da wir uns ganz bewusst vor lauter Überheblichkeit in der EU isoliert und durch unseren übertriebenen Moralismus unglaubwürdig gemacht haben. Ob es dann hilft, dem eigenen Volk den Mund zu verbieten? Das dürfte wohl eher der Grund dafür sein, dass die Entfremdung der Regierenden von der Gesellschaft immer stärker wird.

Wie konnte man überhaupt davon ausgehen, dass Flüchtlinge ihre Erziehung, ihre Religion, ihre Einstellung gegenüber Frauen, ihre ureigene Identität in ihrem Herkunftsland zurück lassen und als menschliche „Rohlinge" über die Grenze kommen und sich geschmeidig eingliedern.

Ist es eigentlich erlaubt, dass Politiker so dumm sind?

Vielleicht muss man das sogar verstehen. Sie schütteln Menschenschlächtern die Hand und rollen Verbrechern den roten Teppich aus. Man nennt das Diplomatie und anscheinend wird dadurch mit der Zeit der gesunde Menschenverstand vernebelt.

Trotzdem können sie nicht Unwissenheit als Ausrede geltend machen, denn sie wurden von erfahrenen Spitzenbeamten gewarnt. Dennoch hat die Regierung den Faktor Sicherheit in der Flüchtlingspolitik einfach ausgeblendet. Und das, obwohl der Verfassungsschutzchef und der Bundespolizeipräsident schon vor dem Jahr 2015 auf die Risiken einer unkontrollierten Zuwanderung hingewiesen haben. Darauf, dass die Behörden überfordert seien, dass eine vernünftige Identitätsfeststellung der Einreisenden kaum möglich wäre und dass man damit rechnen müsse, dass nicht nur Opfer nach Europa kämen, sondern auch Täter. Wenn man also alle Warnungen in den Wind schlägt, muss man dann nicht zur Verantwortung gezogen werden?

Nun ja, mit der Verantwortung ist es in unserem Land eh` nicht weit her. Wie ist es sonst möglich, dass eine Partei wie die Grünen, die aus einem Sumpf von verurteilten Kinderschändern entstanden ist, bis heute bei uns geduldet wird. Kein Vater, keine Mutter dürfte diesen perversen Verein wählen. Aber sie tun es. Entweder sie mögen ihre Kinder nicht oder sie mögen sie etwas „zu sehr". Auch nach

Jahren kann man für solch kinderverachtendes Gebaren und abstoßende Phantasien keine Absolution erwarten.

Nebenbei erwähnt, hat vor nicht allzu langer Zeit eine umnachtete Grüne gefordert, in Alten- und Pflegeheimen für die Bewohner von der Krankenkasse bezahlten Sex mit Profis einzuführen, woran man deutlich sieht, dass für diese Partei die Menschen vor allem von der Taille abwärts existieren.

Es wäre nicht allzu verwunderlich, sollten diese Menschenfreunde aus lauter Nächstenliebe einen Vorschlag in der Schublade haben, um den vielen jungen Männern, die in unser Land geströmt sind und ihren Schwengel nicht unter Kontrolle haben, regelmäßige Bordellbesuche, aus Steuergeldern finanziert, anzubieten. Schließlich sollen sich alle bei uns wohl und wie zu Hause fühlen.

Denn die Grünen lieben nicht nur die Kinder, sie lieben auch die Flüchtlinge. Nur Polizei-Kompetenzen, die lieben sie nicht so sehr. Das ist verständlich; wer weiß, was man hinter der Fassade einer solchen Partei alles entdecken würde.

Sie hat viel mit der Kirche gemein, also wäre es doch sinnvoll, wenn sich diese beiden menschlich so begnadeten Institutionen miteinander verbünden. Dann sind sie unter sich und können untereinander Erfahrungen austauschen. Und die Kirche hat viel Erfahrung zu bieten, Erfahrung aus Jahrhunderten, vor allem im Vertuschen.

Das ist heute nicht mehr ganz so einfach wie noch vor einigen Jahren, als man einen pädophilen Kirchenmann, nachdem er durch seine Neigung aufgeflogen war, einfach in eine andere Pfarrei gesteckt hat, wo wieder „frische" Kinder für ihn zugängig waren.

Heute muss die Kirche schon mal Entschädigungszahlungen leisten.

Und da kommt wieder Hitler ins Spiel. War er nicht derjenige, der der Kirche den automatischen Einzug der Kirchensteuer gesichert hat? Wie kann es sein, dass man diese Vereinbarung beibehält, obwohl man Hitler zu Recht zutiefst verachtet und keinesfalls mit ihm in Verbindung gebracht werden will.

Anscheinend ist das wie im ganz normalen Leben: Hauptsache die Kasse stimmt!

Und da tut sich wieder eine schwerwiegende Frage auf: Werden die Entschädigungen aus der Kirchensteuer bezahlt? Das würde bedeuten, dass wir als Volk für die Schweinereien der Kirche gerade stehen. Das sollte unbedingt mal jemand aufklären…..

Aber egal wie moralisch verkommen die Kirche erwiesenermaßen dasteht, es braucht nur der Anführer dieses perversen Vereins einigen Schwachsinnigen die Füße zu waschen und das Volk fällt auf die Knie und ruft Hallelujah.

Genauso wie die Menschen damals auf die Frage, ob sie den totalen Krieg wollen, „ja" gegrölt haben, als hätte man ihnen den Einzug ins Paradies versprochen. Genauso wie Eltern eine Schmuddelpartei wählen, weil diese sich ein grünes Umwelt-mäntelchen umgehängt hat. Und genauso wie sie auf den Satz: „Wir schaffen das!" Beifall klatschen, obwohl jeder weiß, dass das realitätsfremd ist.

Sogar unsere Anführerin hat das inzwischen begriffen und so irrt sie in der Welt umher, um die Menschen, die sie so nonchalant die Grenze passieren ließ, wieder los zu werden.

Ich denke, damit ist der Geisteszustand des gemeinen Volkes ziemlich korrekt umrissen.

Wären die Menschen nicht genauso, hätte Hitler nicht so ein leichtes Spiel gehabt.

Adenauer hat es auf den Punkt gebracht:

> Die Menschen sind, wie die Menschen eben sind. Es gibt keine anderen!

Übrigens werden unsere Politiker nicht selten von den Regierenden anderer Länder um ihres folgsamen Volkes wegen beneidet. Damit sind wir gemeint und man fragt sich, ob das nicht eher eine Beleidigung als ein Kompliment ist.

Immer wenn ich daran denke, dass wir, nach dem Vorbild der Politiker, aufgefordert werden zu heucheln und zu lügen, dann fällt mir Pinocchio ein, die kleine zum Leben erwachte Marionette des Holzschnitzers Gepetto. Bei jeder Lüge wuchs seine Nase. Man stelle sich vor, wie witzig das an uns aussähe. Dann wären wir nicht nur die Lachnummer Europas, sondern der ganzen Welt. Und die Chirurgen hätten viel zu tun!

Aber zurück zur Realität.

Wir sollten mal versuchen herauszufinden, was in unserem Land wirklich Bedeutung hat. Wir nehmen eine Waage, legen auf eine Seite das Wort „Asyltourismus" und auf die andere Waagschale legen wir eine Kinder verachtende Partei, die es in einem Land, das ständig seine Werte schützt, gar nicht geben dürfte, die aber noch vor kurzem zwecks Mehrheiten zu Koalitionsgesprächen geladen wurde. Und nun dürfen wir gespannt sein, was wohl schwerer wiegt, Worte oder abstoßende Tatsachen, nämlich das Kind als Lustobjekt. Bei der Aufarbeitung des Ergebnisses könnte uns sicher der Bundespräsident behilflich sein.

Und wo wir schon einmal dabei sind, können wir mutig noch ein Experiment wagen.

Man stelle sich vor, die AFD würde Sex mit Kindern propagieren und ihre kranken Phantasien öffentlich machen.

Oh, mein Gott! Die Welt würde still stehen und ganz Deutschland wäre ein einziger Aufschrei. Eine perversere Sauerei hat man nie gehört. Wir haben es ja immer schon gewusst. Diese Partei, jetzt können wir sie endlich in die Wüste jagen. Und die Grünen würden die Klappe am lautesten aufreißen, frei nach dem Motto: Frechheit siegt.

Und warum werden genau die bei uns noch immer geduldet? Ist uns neben unserer Moral auch noch die Objektivität abhanden gekommen?

Bezug nehmend auf diese beiden Parteien achte man auf das Verhalten der Medien.

Beim Gespräch mit der AFD fühlt sich jeder noch so unbedeutende Piefke sofort als der bessere Mensch, was nicht nur im Ton, sondern auch in der Gestik auffällt. Reden sie dagegen mit den Grünen, hat man das Gefühl, dass sie diese Weltmeister moralischer Überheblichkeit schonen, so als hätten diese einen Jagdschein.

Fazit: Wir sind inzwischen als gesamte Gesellschaft moralisch so verdorben, dass wir nichts dabei finden, eine Partei zu tolerieren, die null Verantwortung für Kinder trägt.

Da könnte man nochmals Schiller bemühen: Gewalt ist für den Schwachen jederzeit ein Riese.

Es ist bekannt, dass Journalisten, wie statistisch erwiesen, unverhältnismäßig oft den Grünen angehören. Dann schließt sich der Kreis: Eine Krähe hackt der anderen kein Auge aus. Vernünftigen Menschen müsste es peinlich sein, zu ihnen zu gehören.

Wie können überhaupt halbwegs intelligente Menschen so tief sinken, dass sie bei der Wahl einer Partei, die aus Kinderschändern entstanden ist, ihre Stimme geben.

Da nützt es auch nichts, wenn diese verkorkste Partei darauf herum reitet, dass sie sich doch entschuldigt habe, (Das kann nur als Witz gemeint sein!) und dass sie diesen Missbrauchsschmutz hinter sich gelassen habe.

Geht das eigentlich? Es heißt doch: Wir sind gegen das Vergessen. Oder gilt das nur für Hitler? Die eigenen Schweinereien lässt man bei Bedarf in der Versenkung verschwinden. Wie praktisch.
Und was ist mit den Kindern? Kinder sind unsere Zukunft tönt es ständig salbungsvoll.
Aber wohl kaum, wenn sie später auf der Psychiatercouch ihre geschändete Kindheit aufarbeiten müssen.
Nach dem letzten Christopher Street Day in Köln las man auf Plakaten die Forderung „Liebe ohne Grenzen". Was soll das heißen? Treten diese Leute in die Fußstapfen der Grünen und unsere Kinder sind noch gefährdeter? Der Sache müsste man unbedingt auf den Grund gehen.
Übrigens sind auch die Medien insgesamt, egal welcher couleur, mit Vorsicht zu genießen. Sie haben zum Beispiel das Unwort „alternativlos" in ihren Wortschatz aufgenommen. Und gestörte Menschen, die vor der Kamera oder in Büchern von Sex mit Kindern schwadroniert haben, werden noch heute in Talkshows eingeladen.
Und dann dieses furchtbare Ereignis vor Jahren, das Gladbecker Geiseldrama, bei dem man als normal denkender Mensch an „versteckte Kamera" glaubte, als Mörder auf der Flucht von Journalisten interviewt wurden. Typen, die sich da behauptet haben, moderieren seit Jahren eine eigene Sendung. Ist man also skrupellos genug, dann klappt`s auch mit dem Fernsehen.

Wir haben als gesamtes Land so viel Dreck am Stecken, dass man sich dringend verkneifen sollte, mit dem Finger auf andere zu zeigen. Wir täten gut daran, uns an die eigene Nase zu fassen. Wären wir nicht so ein fleißiges, arbeitsames Volk, wodurch die Politiker mit dem Geld nur so um sich werfen können, würde uns kein anständiges Land auch nur mit dem Hintern ansehen. Aber wer sägt schon den Ast ab, auf dem er sitzt.

Dass die Kirche überall auf der Welt ihr Unwesen treibt, das weiß inzwischen jeder.

Nichtsdestotrotz: Ein kleiner Schwenk zu unserem direkten Nachbarn, diesem kleinen putzigen Holland, sei erlaubt. Man mag es kaum glauben, aber im Jahr 2006 wurde dort eine Pädophilen-Partei gegründet. Sie stand für Sex mit Kindern und Kinderpornografie. Das kommt einem irgendwie bekannt vor. Allerdings haben die Niederländer uns etwas Wesentliches voraus, nämlich moralisch integre Bürger, von denen laut Umfrage 82 Prozent ein Verbot dieser perversen Partei forderten. Und im Jahr 2010 hat sich endlich dieser kranke Verein wegen zu geringer Wählerunterstützung selbst aufgelöst. Was sagt uns das? Vielleicht, dass wir uns eine Scheibe davon abschneiden sollten.

Wir dagegen dulden in unserem Land eine Partei, die aus wahltaktischen Gründen keine echte Aufklärung ihrer verkommenen Vergangenheit vorsieht. Ganz im Gegenteil, als Ablenkung ihres Fehlverhaltens gibt sie sich als Gralshüter von Moral und Anstand und ihre Selbstgerechtigkeit hindert sie daran zuzugeben, dass sie pädophile Bestrebungen toleriert und unterstützt hat. Die Grünen haben als gesamte Partei null Verantwortung für Kinder bewiesen und mangels Charakter und Gewissen versuchen sie, ihre perverse Vergangenheit mit allgemeiner Gutmenschlichkeit zuzukleistern.

Wir alle sollten der FDP auf ewig dankbar sein, dass sie den Jamaika-Spuk beendet hat und diese Leute keinesfalls wieder mit regieren.

Aber was ist mit den anderen Parteien los? Anscheinend sind die zufrieden mit den Lippenbekenntnissen und dem mangelnden Aufklärungswillen einer heuchlerischen Pseudo-Umweltpartei und darum übersehen sie auch geflissentlich das typische und verräterische Motto des grünen Landtagswahlkampfs: „Vernunft gestaltet geiler!" Damit wird schon rein sprachlich der Bogen zu ihrer Vergangenheit gespannt. Ist das eigentlich Dummheit oder Frechheit? Was spricht dagegen, diese Partei auch mal beobachten zu lassen, wo sie doch für andere so strenge Maßstäbe anlegt.

Natürlich könnte sie auch irgendwann das Zünglein an der Waage sein und vielleicht sind darum die restlichen Parteien so nachsichtig. Denn was tut man nicht alles für den Machterhalt. Darüber kann man schon mal das Schützen unserer Werte vergessen und stattdessen arbeitet man mangels Rückgrat mit Leuten zusammen, die einem kranken Haufen entsprungen sind.

Menschen sind sowieso merkwürdig. Zum Beispiel gehen sie gern Risiken ein, aus den verschiedensten Gründen. Sie rauchen und saufen, obwohl sie daran sterben. Sie fressen sich dick und fett, auch wenn dadurch das Leben für sie zur Qual wird. Sie steigen auf Berge, ohne dafür geeignet zu sein. Sie gehen ins Casino und verspielen Haus und Hof.
Wir sollten daher nicht gleich aus jedem, der in ein Gummiboot steigt, einen Märtyrer machen.
Oh Mann, jetzt krieg ich bestimmt Ärger, denn so etwas sagt man bei uns nicht. Aber was soll`s, ich komm eh` in die Hölle und mich zum Rücktritt auf-zufordern hat auch keinen Sinn, da ich gar kein Amt bekleide.
Was ist überhaupt mit dem edlen ersten Mann im Staat passiert? Man hört, er macht allen Ernstes Werbung für Punkrocker, deren Texte gegen Recht und Ordnung sind.
Hauptsache nichts gegen Migranten, alles andere ist erlaubt? Auch Hass und Hetze gegen Polizei und Staat? Müsste ein Präsident nicht felsenfest hinter den Polizisten stehen, die uns vor allen Idioten, egal ob von rechts oder links, mit ihrem eigenen Leben schützen? Da soll man noch durch steigen. Eine total verkehrte Welt!
Und wie man sieht, diese ganze Gutmenschlichkeit, trotz diverser Kaffeetafeln, alles nur Show!!!
Es ist nun einmal eine Tatsache, dass das Lügen in der Natur des Menschen liegt, bei dem einen mehr,

bei dem anderen weniger. Das wird jeder Psychologe bestätigen.

Aber gibt es wirklich nur verlogene Politiker? Das wirft doch die Frage auf, ob nur besonders wahrheitsresistente Menschen in die Politik gehen oder ob sie auf dem Weg nach oben gar nicht mehr zwischen wahr und unwahr unterscheiden können. Das ist wie bei dem Rätsel von dem Huhn und dem Ei.

Vielleicht sollten wir gleich bei der Kindererziehung umdenken und es mit der Wahrheit nicht mehr so genau nehmen. Dann bräuchten die lieben Kleinen sich später gar nicht erst umzustellen und sind sofort im richtigen Fahrwasser. Wie sollen sie sonst im richtigen Leben klar kommen. Denn, mal objektiv betrachtet: Was macht ein Schaf unter Wölfen! Wenn wir nicht als gesamtes Volk moralisch total verdorben gelten wollen, dann dürfen wir nicht länger akzeptieren, dass sich bestimmte Leute ständig heraus reden, selbst wenn nach und nach feststeht, dass wesentlich mehr Pädophile bei gewissen Institutionen vertreten waren als bisher angenommen. Aber auch das scheint niemanden mehr zu überraschen, frei nach dem Motto: Ist der Ruf erst ruiniert, lebt es sich ganz ungeniert.

Und ausgerechnet solch hemmungslos verlogene Typen schreien sofort nach Rücktritt, sobald jemand in ihren Augen einen Fehler gemacht hat. Man kann es kaum glauben, aber sie leben nach dem Grundsatz: lieber pervers und vorne weg, als anständig und unbedeutend.

Hätten sie auch nur einen Funken Anstand im Leib, würden sie geschlossen zurücktreten, da bei dieser Partei die Spreu kaum vom Weizen zu trennen ist. Man kann nun mal aus einer Kloake kein Parfum gewinnen, auch nicht in hundert Jahren. Es wäre doch nur recht und billig, wenn die Täuschung der Öffentlichkeit wenigstens in einer verzichtbaren Institution ein Ende hätte.

Die Kirche wird sich niemals ändern, dazu ist sie viel zu mächtig. Nur Idioten glauben, dass, wenn gerade kein Fall von Kindesmissbrauch öffentlich wird, die Perversen in der Kirche ausgestorben sind. Es wird weiterhin vertuscht und geheuchelt auf Teufel komm raus und so wird es bleiben, solange diese Welt sich dreht. Das ist mindestens so sicher wie das Amen in der Kirche!

Ob diesen Menschen klar ist, dass sie nicht nur für ihre eigenen Vergehen verantwortlich sind, sondern auch eine Mitschuld am Verhalten straffälliger Kinderschänder tragen, denen sie als Entschuldigung dienen?

Um Verantwortung geht es zur Zeit auch in Bezug auf alte und kranke Menschen. Da diese Gruppe immer größer wird, ist sie für die Wahlen wichtiger denn je. Also muss man sie gut behandeln. Und genau das fehlt den Kindern: Sie haben keine Stimme und sind daher nicht gerade nützlich. Man kann sie im Geheimen sexuell ausbeuten und hoffen, dass man durch Verdunklung unbeschadet davon kommt. Und wenn nicht – nun ja, dann stehen einem die Türen bestimmter Institutionen immer noch offen.

Selbst ausreichend Lehrer gönnen wir unserem Nachwuchs nicht. Einmal sind nicht genügend vorhanden und außerdem sind sie zu teuer. Also erhalten viele Lehrer nur befristete Arbeitsverträge und man schickt sie über die Ferien zum Arbeitsamt. Die meisten wissen nicht, wo es danach für sie weiter geht. Ob das junge Leute reizt auf Lehramt zu studieren? Aber heißt es nicht, Bildung sei das A und O für unsere Gesellschaft?

Vielleicht würde Bildung auch dabei helfen, dass sich die Menschen mehr mit ihrem Kopf als mit ihren Genitalien beschäftigen.

Dass Männer total verdorben sind, das ist hinlänglich bekannt. Wenden wir uns noch mal den Frauen zu. Sie lassen sich auf Partys von irgendeinem Idioten besteigen, um dann entsetzt festzustellen, dass man davon tatsächlich schwanger werden kann. Ist aber kein Beinbruch.

Man jammert ein wenig herum, denkt sich eine rührselige Geschichte aus und schon wird alles ganz offiziell wieder gerade gerückt.

Schwangerschaftsverhütung? Nie gehört!

Aber wir gehen in die dritte Welt und predigen sorgsame Verhütung und Geburtenregelung den größtenteils Analphabeten, die froh sind, wenn sie möglichst tagtäglich genug zu essen haben.

Wie arrogant und bekloppt kann man eigentlich noch sein.

Derweil gibt es bei uns Überlegungen, alles im Supermarkt erledigen zu lassen, nach dem Motto: „Einmal hin, alles drin". Warum sollte man sich so ein Geschäft entgehen lassen. Man braucht lediglich einen Raum hinter der Verkaufshalle mit Liege und jemanden in weißem Kittel, wobei der weiße Kittel ungemein wichtig ist. Man wird in null komma nix von einer schweren Last befreit und der Schwangerschaftsabbruch gleicht einem Zahnarztbesuch. Zahlen tut man an der Kasse inklusive sämtlicher Punkte auf seiner Kundenkarte. Wenn das nicht cool ist! Und immer noch besser, als das Ergebnis einer missglückten Zufalls-bekanntschaft auszutragen und dann auf einer Bahnhofstoilette zu entsorgen. Also nix wie auf zur nächsten Party…..

Vielleicht hat man ja auch Glück und es wird mal wieder jemand für Werbeaufnahmen gesucht. Sofort stehen die hinlänglich beschriebenen anständigen, unschuldigen Frauen Schlange und können es kaum abwarten, ihren nackten Po oder ihren blanke Busen in die Kamera zu strecken. Sicher wurden sie dazu gezwungen…Oh Mann!

Mit Sicherheit könnten auch Männer Geschichten erzählen von Frauen, die ihre ganze Weiblichkeit voll eingesetzt haben, um z. B. eine Rolle zu bekommen, oder bessere Noten, oder mehr Geld, einen besseren Job, oder ganz allgemein ein besseres

Leben. Aber sie tun es nicht. Wahrscheinlich fürchten sie, von der holden Weiblichkeit, dem sogenannten schwachen Geschlecht, in aller Öffentlichkeit unter dem Applaus der von jedem Verdacht erhabenen Frauen gevierteilt zu werden. Na gut, sollen die Erwachsenen ihre Spielchen spielen. Kümmern wir uns um die Kinder.

Wenn man mit Kindern verreist und ein Kind wird krank, stellt man fest, dass es nachts schwierig bis unmöglich ist, einen Arzt oder eine Apotheke zu finden. Sex kriegen sie an jeder Ecke.

Und Sextherapeuten zermartern sich das Hirn, um herauszufinden, womit ihre Patienten die weit verbreitete Sexsucht kompensieren müssen. Man kann eben die Menschen nicht vor sich selber schützen.

Aber unsere Kinder, die müssen wir schützen, damit der unabhängige Beauftragte für Fragen des sexuellen Kindesmissbrauchs sich nicht mehr genötigt sieht, in Bezug auf Kinderschänder von einer Art Volkssport zu sprechen. Einen schlimmeren Ausdruck in diesem Zusammenhang kann man sich kaum vorstellen. Und der Mann weiß, wovon er spricht. Sind wir schon so abgestumpft, dass uns solch perverse Wahrheiten völlig kalt lassen? Wo leben wir eigentlich? Wird uns auch nur ein Hauch von Rassismus vorgeworfen, fallen wir übereinander her und bitten demütig um Vergebung. Hoffen wir, so von unserer Unmoral und Perversität abzulenken und so unsere verdorbene Identität zu verschleiern?

Man kann nicht über Sex mit Kindern diskutieren.
Dafür gibt es kein Verständnis, kein für oder wider,
kein vielleicht oder warum nicht; dafür gibt es nur
Abscheu und Knast.

Dasselbe muss für verkommene Institutionen gelten,
damit es ihnen nicht mehr gelingt, ihre Hand
schützend über Perverse zu halten, bis diese nach
vielen Jahren straffrei das Zeitliche segnen. Dabei ist
es für Kinder sicher eher unwesentlich, ob sie von
umweltfreundlichen Möchtegernpolitikern
missbraucht werden oder von dahin dämmernden
Kirchenmännern.

Fast jeder kennt das Märchen „Des Kaisers neue
Kleider" von Hans Christian Andersen.

Das Verhalten dieser fiktiven Menschen ist typisch
für unsere reale Gesellschaft. Man klatscht Beifall,
wenn der Nachbar Beifall klatscht, um keinesfalls
als dumm dazustehen. Man nickt Dinge ab, die
einem gegen den Strich gehen, um nicht als
schlechter Mensch und unintelligent zu gelten. Man
verdrängt Tatsachen, weil man abgestraft wird,
wenn man ehrlich ist und seine Meinung sagt. Ist das
wirklich erstrebenswert, ein Volk von Heuchlern zu
regieren?

Und dieses Kind, das im Märchen die Verlogenheit
der Menschen entlarvt, das würde gar nicht zu uns
durch dringen. Durch die von oben diktierte
Heuchelei sind wir inzwischen derart verkrustet,

dass wahrscheinlich Bulldozer nötig wären, um uns zur Vernunft zu bringen. Wir haben eindeutig den Bezug zur Realität verloren und sind als gesamtes Volk unglaubwürdig. Oder einfacher ausgedrückt: Wir haben nicht mehr alle Tassen im Schrank.

Und obwohl ein Event das nächste jagt, wird die Menschheit nicht weniger sexistisch, ganz im Gegenteil. Irgendwie schafft man es, sich immer noch zu steigern und cooler, oder in der Sprache der Grünen geiler zu werden.

Wir nennen das Weltoffenheit. Nun ja, man kann für jede Sauerei ein gesellschaftsfähiges Wort finden. Sexskandale und – Enthüllungen sind an der Tagesordnung. Die Kirche tut so, als sei es ein Schicksalsschlag, wenn sie ob ihrer Perversität öffentlich zur Verantwortung gezogen wird. Die grüne Schmuddelpartei hofft auf den Gedächtnisverlust ihrer Landsleute und die ganz normalen Perversen gehen weiter ihrem Volkssport nach.

Und – machen wir uns nichts vor: Das mit dem Rechtsstaat gilt eh` nur für die anderen, für uns fühlt sich das eher nach Pflichtstaat an.

Wir sind verpflichtet, unsere wahre Meinung für uns zu behalten, damit unser aller Heiligenschein nicht angekratzt wird, wobei es vollkommen egal ist, wie sich die Dinge in unserem Land entwickeln.

Und solange das in unserem „Werte schützenden und moralisch lupenreinen Deutschland" so bleibt und wir als leicht zu manipulierendes Volk das alles einfach hin nehmen, steht eines felsenfest: Das nimmt kein gutes Ende mit uns!

Und zum Schluss noch etwas zum Nachdenken.

Es heißt: Mütter machen Männer.

Wie kommt es also zu der mit Vorliebe und oft zurecht verachteten Männerwelt, wenn sie doch fast ausschließlich von der ach so tugendhaften Hälfte der Gesellschaft erzogen wird.

Bevor man ständig nur vorgekauten Schwachsinn von sich gibt, sollte man vielleicht mal solche Fragen stellen …..